Mine d'Or,

Début d'écriture, mars 2014

Auteur : Belluso Sébastien

Bonjour,

Dès les premières lignes, je vais
entrer dans le vif du sujet.
Chez l'homme, son ancêtre le plus
commun est un primate, chez moi,
mon ancêtre est une plume.
Je suis un stylo et j'ai une âme, je suis
une chose, un consommable dans
l'esprit de tes semblables et du tien.
Que tu sois dans un avion, un train,
un bateau, dans une salle d'attente
ou à la plage, tu ne me verras plus
de la même manière.
Ma descendance a su se faire une place
aux alentours du V° siècle avant J.C,
elle a dominé l'ère du moyen-âge

pour évoluer vers son apogée dès
1960. Nous n'étions plus des plumes,
mais des stylos. Comme des primates
devenus homo-sapiens.

Dans la catégorie des miens, il existe
aussi plusieurs races, le stylo plume,
le stylo feutre, le stylo bille, comme
il existe chez toi, des blancs, des
noirs, des bridés et des bronzés, j'ai
longtemps cru que les miens, leur
sang était plus saint, mais pourtant
certains ont laissé leur encre couler pour
des lois, des traités de guerre, qui comme
celle de 39-45 fut la perte d'autant
de tes semblables que contient la
France des années 2000.

Au fond de mon être, je savais que
mon encre n'était pas faite pour ces
horreurs.

Ma vie débute dans un emballage plastifié qui fut ouvert et m'expulsa vers l'extérieur, j'étais plus étiré que large, facilitant ainsi une préhension, il m'a fallu près d'une minute pour jeter mon premier jet d'encre. C'était magnifique, la vie m'était offerte.
Mon premier foyer était un domaine, un monastère merveilleux, il avait déjà 400 ans histoire . Des moines y vivaient, probablement des nobles, et moi j'étais entre les mains d'une famille modeste. Les gardiens de mon paradis.
Mes premières années, je les ai passées entre les mains d'une petite fille et d'un petit garçon, ils n'étaient pas foutus de me faire faire des ronds et des carrés. Insouciance et dérision je n'avais droit qu'aux griffonnages.

Après quelques mois de tiroir, me voilà soudainement dans les mains du petit garçon.

Dieu merci !

Il avait un bon Coup de Crayon
Mon encre était si fluide et si légère.

Pendant les années de maternelle et une grande partie des années cours préparatoire j'ai longuement entrepris le dessin.

Je voyageais ainsi dans une trousse à moitié déjà décapotable et je n'étais jamais seul. Il est ensuite arrivé le jour des devoirs à la maison, où je me suis dit : « c'est plus possible ! ».

Je devais maintenant tirer des traits droits bien appuyés sur des règles d'une trentaine de centimètres, on appuyait fort sur mon dos me faisant

faire des va-et-vient le pire était les
 punitions où je devais jeter mon
encre à copier des bêtises.
Il est arrivé un jour, où j'ai cessé de
verser mon encre. Je ne voulais plus
de ça. L'adolescent m'a posé dans la
soupière qui sert de débarras au
milieu d'une table en bois. J'ai ainsi
passé des années au domaine entre
soupière, commode et tiroir. Je me
suis dit à cette époque :
« Cherche ta place ! Veux-tu être
pour le reste de ta vie dans cette
soupière où on trouve de tout et
de rien, ? Des piles, des épingles, des
soldats en plastiques, des billes... ».
Un jour, je sentis une main ferme le
long de ma colonne vertébrale,
c'était l'index et le pouce du père de

famille. C'était le moment de faire couler une encre limpide et épaisse, bien grasse et je réalisais une signature prononcée et affirmée sur le bulletin scolaire de l'adolescent. Ce paraphe m'avait offert une opportunité de quitter ces lieux obscurs, ni soupière, ni tiroir... Le hasard ou la chance m'avait déposé sur une étagère, proche des clés et face à une porte vitrée. J'ai commencé à rêver d'espace, j'imaginais déjà une renaissance, je voulais déverser mon encre sur des causes nobles et modestes, j'ai passé quelques jours en hauteur sur l'étagère, quand je fus soudainement saisi par une main fine aux doigts froids. C'était la mère de famille, maîtresse de la maison, j'ai été brutalement relâché au fond d'un sac à main. Le choc était si violent que j'ai perdu mon bouchon argenté, j'étais dénudé de mon capuchon.

Je pris un trousseau de clés sur la tête et j'ai été secoué dans tous les sens jusqu'au moment où Madame posa le sac sur le siège passager d'une voiture. Un court répit et la main froide replongea au fond du sac pour récupérer les clés. Même dans le noir au fond de la sacoche, je sentais cet enthousiasme, cette positivité traverser mon artère principale au sang bleu marine. Je percevais au fond de mon être que j'allais enfin servir à l'échange et au partage. J'ai

entendu le frein à main grincer,
après quelques kilomètres, on était
arrêtés et j'étais prêt, une drôle
d'odeur était percevable, une
émanation d'essence et de Gazole .
J'ai à peine entrevu, la lumière du jour,
mes lettres manuscrites étaient ondulées.
Les mains sous le volant, je devais
remplir un chèque, mes extrémités
tremblaient .
Était-il sans provision ? J'étais de
nouveau placé au fond du gouffre. À
côté de moi dans la pénombre
Je vis une carte postale.
« Bonjour, savez-vous à qui vous êtes
destinée ? », lui dis-je.
« Je n'en ai pas la moindre idée »,
me dit-elle,
– j'espère être celui qui vous tatouera

et qui offrira de l'amour et de la compassion. Je ne veux plus être celui qui fait des choses sans le moindre sens, j'ai suffisamment d'énergie pour ne pas rater ma vocation .

- j'espère aussi être votre déclic, me dit-elle à voix basse..

À l'extérieur, j'entendais un brouhaha : des enfants, des alarmes, des annonces faites avec un haut-parleur.

La fermeture éclair s'ouvrit sèchement, je n'avais même pas aperçu le caddie, j'étais appuyé sur un nouveau chèque contre la caisse du magasin. Mon esprit fut traversé un instant,

« Non ne verse aucune goutte »,

Mais la main de Madame était si moite par le stress que si j'avais fait ça. Je risquais la poubelle au pied de la caissière. J'ai déversé une encre à peine lisible dans l'espoir de ne plus être convoité pour de telles pratiques, le rapport avec l'argent me gênait.

De retour au domaine, l'esprit dépravé, je me sentais comme ce consommable sans intérêt, c'est comme être un banal commun des mortels dans ton monde. Je n'étais pas ce que je devais être. Devais-je, être résigné et accepter ? Ma vie devait-elle se résumer à faire les devoirs des enfants, à remplir des chèques, à signer des factures ? Peu de temps après, même dans l'obscurité la plus totale, je savais que la nuit était tombée, car le silence qui régnait, pouvait effrayer n'importe lequel des citadins. J'étais en train d'assoupir mon esprit quand la main délicate de la maîtresse de maison m'enveloppa et m'emporta au côté de madame la carte postale. Je devais raviver mon esprit, c'était peut-être ce moment-là qui pouvait faire basculer ma vie.

Je remuais l'encre dans mon réservoir et je n'attendais plus qu'à voir. J'ai à peine déposé ma mine de bronze que j'étais en train de la tatouer de condoléances. Ce n'était pas véritablement ma dominance, mais j'ai fait de mon mieux pour apporter mon soutien à cette famille.

Le propriétaire du domaine nous avait quitté. J'avais réalisé des courbes noires et vives, il n'y avait plus rien de linéaire, je devais offrir la force et la droiture, je devais accompagner le geste de Madame avec gratitude. L'horloge du salon sonna dix coups. Je déposais un point final à ce mot de soutien pour me retrouver allongé délicatement au fond du bagage.

La nuit fut libératrice...
J'avais été revêtu de ma capuche argentée sur ma ligne élancée, noire brillante, j'étais d'humeur à vaincre la monotonie... La mue récente de l'adolescent, j'entendis :
« Maman, t'as pas dix francs stp ».

-Regarde dans mon Sac
-Merci ! À tiens il est beau ce stylo.
On parlait de moi.
-Prends-le si tu veux. Lui dit sa mère.
Sans la moindre hésitation, je finissais entre des doigts fins souverains de dextérités. Comme un enfant qui tourne un revolver en plastique sur son index, J'étais en train de réaliser, des figures dignes des grands trapézistes pour une sage réception dans une poche de chemise à hauteur de cœur.
Boum, Boum, Boum, j'étais libre, un merveilleux ciel de Provence...
Mais qui était ce jeune homme ?
Le petit dernier de la famille, je ne savais même pas s'il savait écrire, je

n'étais jamais passé dans ses mains. Je ressentis la vibration de la mobylette me traverser de bas en haut, je fus tout excité un instant, mais dès la première accélération, j'avais déchanté, je m'agrippais comme un dingue à la doublure de la poche, la peur au ventre de basculer à tout moment, même a cette vitesse le chemin de terre me semblait interminable. Un grand dérapage, un retour de poussière en pleine figure, j'avais uriné un peu d'encre dans le coin de la poche tachant légèrement sa chemise. Nous nous sommes arrêtés sous un pin énorme entouré d'une cour en pierre fermée par un petit portillon rouillé, il s'est assis sur le mur et a poussé un soupir.

La main gauche me captura, la main droite harponna un répertoire de poche, avec une pochette grise. Il avait placé ma mine à tout juste un centimètre de la première page, un long blanc, j'attendais son feu vert, j'effleurais à peine la feuille, sa main était indécise, je me suis dit au même moment, c'est maintenant, je lui ai légué ma présence et là il écrivit

"L'arbre entouré, moment présent le 22 novembre 1995"

Pouvoir partager autre Chose que le devoir administratif, j'étais en mesure d'accorder le présent. C'était

davantage intéressant, plus proche de la réalité, mieux éclairé sur ma vérité. J'ai passé l'après-midi à jouer le rôle de photographe, je figeais ces instants, dans l'esprit du jeune homme.
À chaque jet d'encre, je distillais pour ne pas accrocher la feuille, je ne voulais faire qu'un, aussi souple que ses doigts.
En début de soirée, il m'implanta au milieu du calepin et il nous cintra d'un élastique.
Dans la poche du pantalon, je sentais de nouveau les vibrations du moteur, habillé du petit livret, j'étais protégé et je rêvais déjà de ce que j'allais accomplir.

Quelques semaines plus tard, le jeune

homme en voiture avec sa mère fut pris par un besoin d'arrêter le temps, j'étais désormais toujours à portée, mais ce jour-là, j'ai eu un moment de relâchement, l'extrémité de ma mine était sèche. Il n'avait même pas pris la peine de me gratter un peu sur la feuille que je perçus le son de sa voix dire :

« Maman, t'as pas un autre stylo celui-là ne marche plus ».

Je n'ai pas eu suffisamment de voix à ce moment-là pour lui faire comprendre que mon âme n'était pas morte.

Sans aucun scrupule, il me jeta dans le vide-poche de la voiture.

J'étais dépité de voir l'un de mes semblables dans ses mains.

« j'ai perdu mon idée, ce n'est pas grave ça reviendra » dit-il.
Comme sa pensée, j'avais été laissé à l'abandon. Je ne sais même pas combien de temps je suis resté ici. Parfois, le soleil était si intense que la surface de mon corps pouvait fondre. Les nuits étaient froides et humides et j'avais Combattu tout ce temps pour que ma mine ne s'éteigne pas à jamais. Le coffre et les portières avaient été tous ouverts, j'entendais le bruit d'un aspirateur, sur le tableau de bord des produits ménagés, j'avais peur de mon avenir. Une main avec de longs ongles entretenus me captura, c'était la petite fille devenue une jeune femme. Elle plongea ma mine avec

force sur la semelle de sa chaussure,
j'étais enfoncé dans le caoutchouc,
je crachais mon encre, j'étais, en train
de refaire surface, comme un réveil
soudain, la fin d'un coma cérébral.
Cette souffrance, cette torture m'a
permis de laisser un long trait sur le
bord de la basket de la jeune femme
qui m'épargna la déchetterie et me
jeta dans un carton avec des choses
qui pouvaient être encore utiles.
La voiture nettoyée, elle ramassa le
carton et elle le posa sur la table du
salon.
De là, je pouvais apercevoir des
pyramides de cartons, la soupière
pas très loin, je ne comprenais pas.
Avais-je été réanimé pour
me retrouver à la case départ ?

Pas très loin de moi, je pouvais lire l'entête de certains Courriers. Maître bidule, avocat, justice
Mais que se passer t-il ?
Le téléphone sonna, la mère décrocha et là, j'ai commencé à raccommoder les fragments. Le fils du propriétaire avait repris la succession du domaine, cette famille, gardienne de mon paradis était mise à la porte, sans scrupule après des années de loyauté . Dans ce carton, je Commençais à avoir une grande appréhension de mon avenir. On ferma le carton à double tour, j'ai été trimballé dans le noir toute une journée. Sans la moindre idée de ce qu'il allait se passer. Des bruits de meubles traînés sur le sol, des

claquements de vaisselles, je n'avais pas été abandonné, je déménageais avec les affaires de cette modeste famille.

Une chose me semblait certaine , l'environnement dans lequel je me trouvais sans le voir était bien plus bruyant qu'au domaine. J'entendais des bruits de circulations intenses, des grincements de portes, des sons de voix résonnaient . Je n'entendais plus l'aboiement des Chiens, et ni le miaulement des chats, étaient-ils venus avec nous ? Je me devais de prendre toutes les précautions nécessaires pour ne pas être celui qui, une fois dehors use de son encre sur des imprimés, sans la moindre valeur pour l'humanité. J'étais encore bien vivant et je gardais cet espoir au plus profond de mon être pour vidanger mon encre sur des vers poétiques dignes des plus grands. De rester sans aucun intérêt pouvait me coûter ma vie. Je savais que je pouvais encore y arriver. J'entendis les cartons déballés les uns après les autres, l'osmose, l'ambiance au sein de cette maison m'était pesante, même au fond de cet emballage, je le ressentais. On dé-scratcha la porte, je vis le visage du jeune homme à la mobylette, il était éteint, terne comme un temps gris, sans pluie et sans soleil. Il était abattu. Au moment même où je me suis dit :

« C'est maintenant, je dois l'aider ».

Il me reconnut, sans le moindre mot, il me mit dans la poche de son pantalon et il continua le rangement des autres objets.
« Coucou, toi », j'entendis à voix basse, je n'étais pas seul dans sa poche, j'étais auprès du petit répertoire gris. Pendant que tes semblables qui avaient accompagné le début de ma vie, s'éteignirent, moi, je m'illuminais, d'être ici. Allais-je enfin partir, repartir pour de merveilleuses aventures ?
« Sais-tu ce qu'il se passe vraiment»?
 Dis-je au petit carnet.
« Tu as vu ce lieu ? Cet appartement ne fait pas le quart de notre domaine », me répondit-il.
-je n'ai pas eu le temps de voir quoi que ce soit.

–j'ai pu entrevoir même l'extérieur et il n'y a plus de pins, ni de chênes, ni même un carré d'herbe. Il n'y a que du béton et du goudron, il y a du monde et du bruit jour et nuit ici.
–tu Crois que l'on aura, l'occasion, de voir ailleurs ensemble.
–je ne sais pas, mais depuis que tu m'as quitté, plus une de mes feuilles n' a été tatouée.
– j'en suis navré et je n'attends que ça, de recommencer.
En fin de soirée, il nous sortit de sa poche et il nous posa sur une table basse repeinte au pinceau, d'une Couleur, Vert, jaune et rouge. Il s'était revêtus, lui et son frère d'un pyjama de détenu. Effectivement, ce lieu manqué d'espace, une pièce de huit

mètres carrés, un lit superposé et les deux jeunes hommes assis à l'extérieur, sur le rebord de la fenêtre, discutaient. Il n'y avait même pas de balcon. Sur la table au près de Mr calepin, entouré de cigarettes et de canettes de bière, j'ai passé une nuit très agitée.
Comme les deux frangins, ce nouvel environnement, m'avait empêché de dormir. J'étais resté éveillé, toute la nuit, disponible à verser mon liquide noir. Au petit matin, j'étais épuisé et je n'avais écrit aucun mot. Les deux hommes avaient lâché prise, ils avaient bu et fumé toute la nuit,
Le plus jeune des deux hommes dit à son frère :

« allez je bouge, je ne reste pas ici »
« Où vas tu » dit son frère.
-je ne sais pas, mais je vais retrouver un peu d'espace, peut-être au bord de mer, j'ai besoin de méditer.
-Alors à plus tard, et bonne journée.
Il avait pris des clés et m'emporta avec le calepin gris.

Je fus surpris, l'ère du cyclomoteur était une histoire terminée. Nous sommes rentrés dans une voiture blanche. Il n'avait pas mis un tour de clés que je sentais les vibrations d'une basse d'un rap des années 90. Il prit la route, même fatigué, j'étais prêt à lui partager cette journée.
Nous sommes arrivés face à une immensité de bleu, des vagues

moutonnées, la Méditerranée était idéale pour trouver une source d'inspiration. Le jeune homme s'installa sur un rocher et il sortit une canne à pêche. Mr calepin et moi, nous étions à proximité. Il lança sa ligne et il cala sa canne. Il s'est assis, et j'étais enfin en position de forces face aux feuilles blanches du carnet. Plein enthousiasme, j'étais heureux. Entre ses doigts, je ressentais de la douleur, de la peine, et de la souffrance.

Je devais le raisonner et lui faire comprendre qu'il ne devait pas partir dans tous les sens. En harmonie, les premiers mots que nous avons partagés étaient :

"17 /03 /98, 10H 33
Meilleur que mille mots privés de sens est un seul mot raisonnable".

Nous étions faits l'un pour l'autre, j'étais en mesure de lui offrir de la sérénité, du calme et je voyais le chemin de ma vocation se dessiner Je me trouvais enfin, depuis toutes ces années de galère là où je devais être.

Tout au long de la journée, j'avais armé ma mine de bronze de bienveillance. Il avait besoin d'aide et moi, j'avais besoin de lui pour déverser de grandes choses. Le soir avant de rentrer, il s'est arrêté dans un bar et nous n' en sommes pas ressortis aux premiers verres.

Malgré, qu'il s'alcoolisait, je ne portais aucun jugement, son esprit manquait de justesse, il n'avait pas encore la conscience suffisante pour comprendre que lui aussi pouvait atteindre la lumière que chacun des ses confrères espérait tout au long de leur vie respective. Tard dans la soirée, il reprit le volant et il rentra chez nous, dans ce minuscule appartement du centre ville. J'étais encore sur la table basse de cette chambre qui ressemblait à une cellule. Il se mit à fumer de l'herbe pour finir sa soirée. Ce soir-là, il était seul. Tous les moyens Étaient bons, il recherchait l'évasion. Le lendemain, plus lucide que la veille, il enfila un habit de

travailleur et il partit, me laissant avec Mr calepin sur la table. Ce fut une journée sans le moindre échange et partage sensé.
J' attendais patiemment son retour. Seul, des vas et viens, des membres de la famille étaient perceptibles, comme des fantômes. Aucun d'entre eux ne s'était remis de ce changement, de ce déménagement. Je fus surpris par le bruit de la serrure, ici tout était fermé à double tour, il était de retour, bien plus sale que le matin même... Il prit une douche, pendant que moi, je faisais bon usage de ces derniers instants de solitude. Je m'étais chargé, toute la journée, d'une sensibilité, d'une force, d'une passion, pour être

irréprochable sur le reste de la
soirée. Il sortit de la douche, beau et propre. Il prit ses cigarettes, ses papiers sans oublier le calepin et moi-même. J'étais animé de savoir que j'allais le libérer. À peine en voiture, la basse réglée sur un rythme reggae, notre premier arrêt fut le même comptoir que la veille.

Il y avait beaucoup de tes
homologues avec plusieurs verres
dans le nez. Je croyais bien plus en
lui que ce que lui croyait en moi. Il
s'en mit autant qu'autrui. La nuit
tombée, nous étions repartis et à ma
grande surprise, nous sommes allés
à l'arbre entouré.

De cet endroit, la vue vers la vallée,
on apercevait les grandes cours et

deux énormes cyprès centenaires qui avaient été plantés comme un symbole, un emblème, c'était le domaine.

J'ai passé cette soirée à faire beaucoup de ratures, son esprit n'était pas suffisamment clarifié. À chaque fois que je talochais mon encre, il était traversé, d'émotions fortes, de désarroi, il m'avait longuement parlé d'une jeune femme et de sa déception amoureuse. En plus de la perte de ses terres natales, il me fit comprendre que l'épaule de cette jeune femme, s'était-elle aussi retirée.

Il se sentait bancal, je devenais sa béquille, son parloir, sa confesse, et je me demandais même si parfois, je n'étais pas son psychiatre. Ses mots étaient des fois, durs et tranchants, sa tristesse le rendait malheureux, paradoxalement je me sentais heureux de voir ce qu'il était en train d'exaucer, à mes côtés.

J'étais un besoin inévitable pour lui à cette époque et il ne pouvait même pas imaginer l'envie et le désir que je contenais .

Nous avions passé la nuit ici, sous un ciel étoilé sans la moindre pollution de lumière, la lune était noire, nous étions dans le royaume du silence, il aperçut la lueur du jour à l'est, il regarda sa montre et il dit doucement : « c'est l'heure, il faut y aller ».

Et moi je m'interrogeais : « mais où

allons-nous ». Le jour levé, à l'appartement , il se remit en bleu de travail et j'étais ravi aujourd'hui de l'accompagner.

Il avait les yeux cernés de sa nuit quand il arriva au dépôt, son chef d'une vingtaine d'années son aîné l'attendait. Il était déjà sur le pied de guerre, prêt à partir travailler.

– « Allez, on y va, on a du boulot aujourd'hui ». Lui dit son chef.

J'étais installé dans la poche intérieure de son bleu, toujours à côté de mon ami calepin. Nous sommes rentrés dans une camionnette blanche et nous avons pris la route. Son chef était au volant et nous étions sur le siège passager. Après quelques minutes de route,

dans la poche contre la poitrine du jeune homme, je sentis, sa respiration, son rythme cardiaque, de plus en plus profond et calme. Le chef, un homme très compréhensible sur la vie de la jeunesse, il connaissait bien la personnalité de son apprenti, il lui parlait de tout et de rien, contre lui j'ai su le premier qu'il s'était endormi. Le chef s'arrêta de parler et je me suis aussi assoupi.
À l'heure du déjeuner , le fourgon garé, le chef réveilla le jeune homme et lui dit : « c'est bon, tu t'es suffisamment reposé, viens on va manger un morceau ». Nous sommes rentrés dans la brasserie où le jeune homme avait l'habitude de boire des verres. Assis devant le menu du jour,

le contre-maître dit à son ouvrier :
« tu sais, je ressens beaucoup de choses et je me trompe rarement, tu vas dans pas longtemps finir dans les bras de la serveuse ».
-« jamais de la vie, j'ai bien autre chose à penser et je ne suis toujours pas cicatrisé de mes blessures, tu le sais bien, toi qui vois tout ».

Fatigué, par sa peine, le jeune était souvent sur la défensive. À l'affût, prêt à bondir comme un révolté lançant des pavés.
Tant que j'étais dans sa poche, je ne pouvais pas lui transmettre mon aide. Je pouvais lui offrir de la sérénité seulement entre ses doigts. Sans lui, j'étais un disciple et en

osmose avec son être, je devenais un maître.

De longues semaines s'écoulèrent, à chaque temps libre, entre travail et raison sociale, entre bières et cigarettes, au bord de mer, sur les hauteurs des collines même dans un désert s'il avait pu, il se mettait face à lui-même.

Ces instants étaient les miens, ce partage était le nôtre.

Je contenais en moi, son intérieur, son extérieur, l'au delà de son apparence, des petites phrases en guise de mémoires, je répandais l'encre de ma veine sur n'importe quelles formes de papiers. J'étais sa boîte à secret, je détenais la clé de sa quête, j'étais en mesure de déverrouiller le mensonge pour le guider à sa vérité mais il n'était pas prêt.

Fin du chapitre "UN"

Ami lecteur, j'espère que tu es toujours là, si c'est le cas, avant de reprendre mon histoire, je te le rappelle.
Je suis un stylo, je suis une réincarnation, je suis réel et je vis. Étant donné que mon histoire se lie à un personnage principal, nous appellerons le jeune homme, « Sébastien ».

Sébastien, âge de 19 ans, était assis sur un tabouret au fond du comptoir, j'avais eu le privilège , grâce à la mode à ne plus être dans une poche mais dans une sacoche en bandoulière, l'intérieur était chaud et confortable, Mr Calepin gris était toujours à mes côtés.

Sébastien lisait le journal, la serveuse
lui mit le café sur le comptoir et elle lui
glissa un petit mot sur un morceau de
papier.
Sébastien fut surpris de cet intérêt à son
égard, il se sentait abîmé.
La fierté venant lui chatouiller son ego
il dégaina son stylo, il me sortit de la
sacoche, comme un sabre de son étui.
J'ai passé l'après midi à échanger des
petits mots de questions et de réponses
J'ai essayé tout simplement de
transmettre à mon interlocuteur , le
plaisir d'écrire sans retenue.
Je voulais que Sébastien soit conscient de
ce bien-être, dans ses mains, j'étais
comme un dauphin dans l'océan
pacifique .

Au plus, j'évacuais, sa peine, je liquéfiais
mon encre, je répandais sur ces
brouillons mon intégrité, cette
communication était magique.
A chaque mot que je déposais , les deux
visages de tes semblables rayonnaient de
joie, de bonheur, de passion.
J'en avais sûrement trop fait dès
leur première rencontre . Au fil du
temps Sébastien n'avait plus la même
raison, au plus la relation de ces deux
individus était proche et au moins
Sébastien me partageait son temps.
J'étais à ses cotés, je devais presque
caresser son ego dans le bon sens, même
avec moi le partage perdait son sens .
Il devenait bien trop amoureux.
Je me souviens de ce jour, il me serra fort

dans la paume de sa main et il me posa délicatement dans cette boite verte , c'était son coffre à souvenir, je faisais partie de ses pensées du passé. Jusqu'à là, tout se résumait à un carton à chaussures A l'intérieur, je n'étais pas seul, il y avait une lettre, que moi-même avait coloriée pour sa mère, il y avait quelques photographies de ses idoles sportives, quelques billets d'événements, des clichés des membres de sa famille, une photo du domaine, des textes de son frère qui était désormais un engagé militaire, et il y avait même un briquet.

 A quelques choses près , j'étais dans une soupière , sauf que ce lieu à ses yeux était plus respectable.

Deux jours que j'étais plongé dans le noir

absolu, me semblait-il car j'avais déjà bien du mal à me faire une notion de temps.

J'entendis un téléphone :

« Comment vas tu » Sébastien disait à son frère.

« bien et toi ?

- ça va nous avons bien aménagé
- tu es heureux alors ?
- oh oui ! Et tu sais un jour , je partirai à la montagne , écrire des livres .
- c'est tout le mal que je te souhaite. » termina son frère.

D'entendre ces mots me laissa une lueur, un espoir.

Je ne savais pas si cette boite allait devenir mon cercueil ou mon recueil.

Je me sentais pris au piège, je perdais de vue ma vocation, J'essayais de garder mon encre froide. Je m'armais de patience, l'attente finissait par être interminable.

Pas la moindre lueur était percevable j'étais en train de perdre mon corps, cette forme cylindrique et longue, cette enveloppe qui permettait à mon âme de véhiculer. Il n'y avait plus de mots, j'étais en pleine famine. Mon corps raide et droit sécha laissant aucune espérance, mon âme dans le silence ne quitta pas la boite et mon corps céda, il n'était plus fonctionnel.

Des mois, des années, aucune idée, j'étais en hibernation, dans un coma profond, une mort cérébrale, mon artère fémorale bouchée, j'étais condamné.

Une lumière fut si intense que je ne pouvais pas la regarder, comme un nuage, elle se dissipa doucement, des formes commençaient à apparaître, ma vision mon regard n'étaient plus positionnés dans le même angle de vue, je ne discernais plus de l'intérieur, mais de l'extérieur, le voile évaporé, je vis Sébastien assis devant une table basse, un endroit, un lieu, que je ne connaissais pas, la boite à souvenir était face à lui. Je le regardais soulever le couvercle, il avait ouvert la boite, de là haut, la masse corporelle, mon outil de téléportation était allongé et inerte, je vis Sébastien le saisir, il le sortit et le mit devant lui, il était en train de l'entamer de l'avant . Mon corps subissait des coups de scalpels délicats pour ne laisser aucune balafre.

Il sortit mon artère principale, j'étais en pleine chirurgie...

En salle de réveil, j'ouvris un œil, mon âme avait repris sa place dans son corps céleste. Le premier visage fut celui de Sébastien, le temps avait laissé des traces, cinq , voir six années étaient passés.
Sébastien était un homme.
Ma tenue en main avait été repensée, ma mine luisante était en argent, deux simples mots m'avaient permis de me rétablir.
J'avais calligraphié sur un répertoire nu et vierge :

« Marche ou crée ».

Nous étions dans un petit cabanon

provençal, une grande prairie verte, des lapins, des poules, des pieds de tomates, un hamac.

Une trentaine de mètres carrés, une nécessité pour vivre raisonnablement.

Un confort, un environnement, ouvert vers la nature,

 Sébastien ne portait plus la souffrance comme quand je l'avais laissé.

Il avait grandi et savait désormais la modérer. J'étais ravi, je n'étais pas seul a avoir fait peau neuve.

Nous avions besoin de nous retrouver, je ne voulais pas rattraper le passé, cela aurait été une perte de temps, on devait se nouer au présent, être en vie comme vivre l'instant. Ma place était dorénavant dans cette poche à hauteur de cœur, A l'air libre et contre sa poitrine.

Boum......Boum......Boum , son rythme cardiaque avait évolué, lent et fort à la fois. Nous sommes montés dans une petite citadine grise, elle n'avait pas plus de quatre chevaux, il n'y avait plus cette basse vibrante, mais un fond musical de variété française.

 Nous avons pris un petit morceau d'autoroute et une route de campagne, nous avons traversé quelques villages provençaux et nous nous sommes arrêtés devant un office notarial
Quelques minutes en salle d'attente et j'ai vu arrivé la serveuse, ses traits de visages étaient tirés, elle avait maigri, elle me laissa l'impression d'une femme dépressive. Nous sommes rentrés dans le bureau du notaire, il était tout en verre et

il était préférable de l'ordonner, car de l'extérieur, on pouvait voir tout son intérieur. C'est des détails comme cela qui parfois raisonnent l'esprit de tes semblables. Son visage neutre et impassible Sébastien me prit entre ses doigts et il grava un acte de vente d'une calligraphie chinoise affirmée d'un point pour la clôturer. Je constatais que j'avais changé sa signature. Je ne savais pas si Sébastien avait de la rancœur, mais nous sommes partis, sans un regard et sans un mot à l'égard de la serveuse. Nous avons pris la route et sommes allés dans un nouveau dépôt, il n'y avait plus les mêmes employés ni les mêmes employeurs.

Sébastien récupéra une voiture de fonction, j'étais toujours dans cette poche proche du cœur, je ressentais toutes les émotions de Sébastien à travers l'alternance de son battement . Je l'accompagnais très souvent dans ses déplacements, je constatais que Sébastien passait de longue journée avec des tournevis, des clés et des pinces entre les mains.

Après chaque intervention, sur ma nouvelle silhouette aérodynamique, ses doigts pleins de graisses glissaient.

J'étais moi aussi tributaire de ses journées de travailleur. Je devais établir des bons, des factures, des devis, malgré la douceur, de ses doigts lubrifiés, sur ma peau, je ressentais aucune vibration, aucun, plaisir à tacher ses feuilles. Il n'y avait aucune créativité, comme beaucoup des tiens nous marchions.

En fin de journée, nous sommes rentrés au cabanon, il me déposa à côté de nos échanges de la veille, il prit une douche et mangea une assiette de tomate, huile d'olive. Sébastien éteignit la télévision , le téléphone, il rangea les télécommandes, j'étais seul avec lui capable de le télé-porter
Les premières lignes que nous avions partagées étaient :

Lecteur !
Écoute bien, écoute le silence.
Le silence n'est pas sans bruit.
C'est tellement rare que je puisse
l'écouter, mais quand il est là, il est bon
de l'entendre.

Après les journées sans intérêt, je passais

des nuits à chercher sa vérité.
Sébastien partait à la rencontre de son être, la forme de mes mots calquait son soi et il était libre de constater le reflet de son ego
La nuit fut courte , je n'étais pas bien réveillé, Sébastien les mains pleines d'outils, on devait assumer notre journée.
Vers 9 h , nous avons rangé la voiture à l'entrée du port de la ville, Sébastien se rendit sur le côté du port prêt à embarquer dans un ferry-boat.
« mais où allons-nous ? Sébastien n'a pas d'outils » . Je m'interrogeais.
Après cette petite traversée sympathique, direction en piéton, le palais de justice, Dans le grand hall, nombreux étaient tes semblables. Je vis arriver encore la serveuse, elle dit bonjour à Sébastien sans

aucune bise , sans aucun touché de mains, ses traits de visage étaient moins tirés, nous sommes rentrés dans un bureau, la hauteur de plafond était énorme. Entrelacé dans ses doigts huileux Sébastien signa son divorce.

A la sortie du tribunal, son ex-femme, le regarda est dit :

« tu as le temps de boire un café ? »

« non , j'ai le ferry à prendre » répliqua Sébastien .

Sur le bateau, le cœur de Sébastien ralentissait comme s'il faisait en sorte d'être en paix avec lui-même.

J'étais administrateur la journée, je devenais créateur les nuits tombées. A cette époque Sébastien et moi passions des nuits courtes, au point de rater quelques matinées d'embauches .

Sébastien avait tendance à me laisser seul au cabanon les week-ends. Je ne savais pas où il allait, mais j'avais ma petite idée. Avec ma mine d'argent, j'ai passé de long mois, à tracer les contours de l'ego de Sébastien.

Je répandais une écriture zen, où les pleins et les vides, les rires et les pleurs, où les contraires s'emboîtaient pour ne faire qu'un. J'exprimais une sensibilité, celle de l'immédiateté, de la quotidienneté et de l'instantané.

« Marche ou crée » fut un véritable brouillon, nous étions trop généreux dans notre créativité et n'étions pas suffisamment justes.

Sébastien avait partagé cette œuvre avec quelques intimes, le sentiment des siens pouvait se résumer en trois mots :

« Bof, c'est bien, continues », ce n'était pas une critique littéraire, mais une réalité.

Ce partage avait assoupi l'esprit de Sébastien, il pouvait regarder derrière, le passé ne le blessait plus.

Je n'avais vraiment pas envie d'arrêter ma créativité, j'avais encore de l'encre en réserve.

Ce week-end là , il me garda avec lui, nous avons fait deux heures de route en direction des montagnes du sud-est. Le temps bien ensoleillé, nous nous sommes rendus dans une agence immobilière.

J'ai paraphé l'achat d'un appartement et nous nous sommes baladés deux jours en montagne, contre sa poitrine, je m'y projetais déjà.

Boum Boum……Boum Boum…..Boum Boum

De retour au cabanon, nous avons écrit une lettre de démission et Sébastien la remit à son employeur dès le lendemain matin.

J'attendais impatiemment la fin de son préavis, quelques mois et nous posions nos affaires à la montagne.

De savoir que j'allais écrire jour et nuit pour une quête de bien être, j'étais une plume épanouie.

 Mais , plus, les semaines à la montagne passaient, et moins je trouvais ma place. Sur le bureau à côté d'un ordinateur, je regardais Sébastien créer en tapotant sur un clavier, je devenais un preneur de notes, j'étais un stylo inassouvi.

Le numérique était une évidence, il avait

pris une place si importante que dans l'esprit des tiens, il devenait déjà un consommable.

Cette nouvelle communication de tes semblables faisait de nous, les stylos, une race en voie de disparition, la seule chance que j'étais sûr d'obtenir, je devais rester proche de Sébastien pour demeurer une espèce protégée. Avec ma mine d'argent, même si je n'étais pas seul, j'avais tout de même participé à la lignée de sa créativité, **« Brin de recueil »** naissait et il était suivie de **« l'éveil d'écrire »**.

Une année que j'ai partagée seulement à mi-temps.
Je me contentais de ça, car je voyais bien Sébastien qui constatait que l'écriture

devait être réinventée.
Il ne s'agissait plus d'être écrivain
hors pair ni d'être un écrivain en herbe.
Le clavier ne pouvait pas lui offrir ma
fluidité, Sébastien devait encore prendre
en maturité, pour se rendre compte des
capacités de ma mine.
Même si la communication avait déjà
varié, je détenais dans mon encrier le
secret d'une lecture populaire, Sébastien
avait l'esprit et l'idée, mais sans moi entre
ses mains, il était parasité.
Une année au cœur des saisons et des
montagnes était passée, notre créativité
avait donné un sens à la vie de Sébastien,
il a toujours eu cela en lui, mais j'avais été
jusqu'à là comme une baguette magique.
A chaque aphorisme frappé, d'un coup de
baguette, j'éclairais sa foi et il faisait le

plein d'essence, et je parle bien ici d'une essence qui est la nature intime d'un être ou d'une chose.

Je regardais le modernisme prendre toute la place, prêt à exterminer tous les miens, un tsunami coréen, une espèce qui partage le même principe d'échanges et de communication que moi. Pouvait-elle m'effacer de la toile ?

J'étais aussi tactile, mais pas de la même manière.

C'était déplorable de le voir créer sans moi

Malgré la magie, Sébastien manquait d'échange, l'absence d'une épaule féminine demeurait pesante, Sébastien me mit de côté dans un bel étui nappé de velours, un peu comme un cercueil.

Sébastien avait besoin de reconstruire, de

bâtir, un amour. Écrire ne suffisait plus à Sébastien. Quand j'ai vu rentrer cette jeune femme dans l'appartement, il était préférable pour moi de rentrer en méditation, allongé dans cet étui, je devais laisser Sébastien aimer.

Fin du chapitre « Deux »

Dans une méditation profonde, proche de l'éveil, l'éclatement d'une bouteille en verre m'a éveillé. Sébastien était devant moi les genoux au sol et en larmes.

Un appartement vaste avec très peu de mobilier, mais où étions-nous ?

Le schéma était-il entrain de se répéter ?

Que se passait-il ?

Sébastien avait besoin de mon aide, sur le meuble, j'ai exposé ma mine d'argent face à un rayon de soleil, je voulais refléter dans son œil pour captiver son attention. Ma brillance avait fonctionné, Sébastien ouvrit un tiroir et il prit un tas de feuilles volantes. Face à elles, les gouttes d'eau témoignaient de sa peine.

En quelques mots, j'apprenais que Sébastien était loin de sa région et qu'il cherchait à reconstruire un environnement professionnel. Il avait abandonné les miens contre une nouvelle caisse à outils. Lucide après ma longue méditation, je devais me servir de sa solitude pour en faire une force.

Le téléphone sonna, Sébastien tremblait, loin des siens, il apprenait que son père était frappé par la maladie du crabe qui l'avait déjà bien contaminé.

Il fallait se ressaisir, je devais teinter les pages blanches pour l'aider à rééquilibrer sa tristesse. J'ai réalisé en quelques mots un effet de reflet, c'était écrit sous ses yeux.

« L'essence de la solitude », « Apesanteur des sens cachés ».

Juste après quelques aphorismes échangés, son esprit soudainement reposé, je ne pouvais plus échapper à cette confrontation, le numérique était encore plus présent que les derniers temps que nous avions passés. C'était une réalité, sa créativité, sa quête de liberté, sa vocation ne dépendait plus de mon soutien. Posé à plat sur un coffre en bois qui servait de table, j'apercevais ses mains pianotant le clavier. C'était une part de monde moderne, et je ne pouvais pas me permettre de lui offrir sa vocation sans le laisser découvrir le chemin pour y parvenir. Je reconnaissais que cette manière d'écrire avait elle aussi son efficacité...

Sébastien avait lâché la récitation en provenance de son cœur et il avait réalisé sa suite. Après avoir mis un point final à sa dernière communication avec lui-même, il avait tapé.

« Le temps d'aimer ».

je devais reconnaître que cette manière d'écrire avait fonctionné . Dès le lendemain matin
Sébastien avait fait de nouveau ses valises, j'avais la chance d'être toujours d'une grande importance, dans cette poche à hauteur de cœur nous avions pris la route du retour vers les siens. Huit heures de route sans aucun arrêt et à destination, les retrouvailles dans les bras de l'être aimé, entre ces deux poitrines, la

grandeur de cette union était une réalité et elle avait donné naissance à une petite fille.

De retour chez lui dans les montagnes, son esprit soutenu par l'amour était plus fort.

Il partageait les trois-quarts de son temps avec son enfant et ma notoriété à ses côtés comme une normalité, elle, baissait.

Je me souviens de ce jour, il n'y a pas bien longtemps, sa compagne avait déposé à l'entrée de la maison, dans la cuisine un cadeau.

Un corps, une enveloppe, un véhicule identique au mien, cette matière qui permettait à mon âme, d'être présent parmi le monde des Terriens.

Cet outil avait de l'avance sur le mien, il était moderne et était adaptable à l'ère du numérique. Une mine d'or capable de déverser une encre limpide sur des feuilles de papier et de retransmettre instantanément sur ces écrans numériques de dernière génération. C'était un stylo avec l'avantage de la fluidité et la facilité du partage.

C'était fait, ma décision, mon choix était clair, je devais avec mon âme pénétrer cette chose, ce cadeau et je devais accepter l'abandon de ce corps qui m'avait était fidèle pendant des années. Ce stylo dans la poche de Sébastien était mort, il n'avait plus d'esprit. J'étais parti fusionner mon âme avec cette mine d'or. Sébastien arriva à la maison, il prit sa boite à souvenir, j'étais dans mon nouveau corps

je l'observais, il déposa avec gratitude ma

dépouille à l'intérieur.

Sur l'étagère j'attendais patiemment que Sébastien vienne décharger cette nouvelle encre, celle de ma mine d'or. Je détenais en elle une vérité, j'étais en mesure de dévoiler une trace indélébile, je pouvais laisser à tout jamais une part de mon histoire , dans une écriture légère, lucide et juste.

Cette mine d'or me permettait d'écrire sans être dans le besoin, bien au delà de l'envie , limitant la passion, j'étais apte à écrire une symphonie amoureuse.

La première prise en main, de mon armure entre la peau douce et fine, du pouce et de l'index de Sébastien, ce fut une révélation, imperceptible, inimaginable, accompagnée de cette mine d'une valeur inestimable, notre union pouvait percer le secret de chacun des tiens.

Nous avions en nous , notre formule, notre style et surtout le même intérêt. En ma possession, Sébastien avait au fond de lui cet artisanat et moi j'avais la créativité et l'art.

Je ne voyageais plus dans une poche ou un sac, j'avais était placé dans un étui conçu et moulé spécialement pour moi. J'étais posé sur un bureau face à un livre vierge à l'affût de récupérer les premiers jets à vif de mon histoire. Sébastien, papa et une maturité, à point en bon artisan, il devait réaliser un plan et entreprendre un nouveau chantier. En maître de travaux , je devais colorier et décorer de ma mine d'or cette nouvelle construction. Je devais aiguiser ce récit, cette intrigue en une lecture en un passe-temps pour tes communs, pour le peuple, la manière de lire des tiens étaient en train de changer. Ils n'avaient plus de temps pour eux, dans une gare ou un aéroport, je devais captiver les lecteurs avec une calligraphie ineffaçable, je ne devais pas surcharger de meubles le décor. Détailler le détail n'était pas fait pour l'union de Sébastien et moi.

Pendant des années nous avions échangé une continuité d'aphorismes pour faire grandir et évoluer notre conscience. Ensemble, nous partagions une méditation commune.

Assis devant le bureau, dans ses mains, je l'entends encore dire

« et si j'écris l'histoire d'un stylo »

il n'avait aucun soupçon et ne réalisait

pas que j'étais , tout son savoir.
Comment pouvait-il écrire mon histoire ?
Il n'avait aucune idée de ce que je suis, en revanche, je savais tout de lui.
Nous sommes maintenant, dans une étape fatidique de cette histoire, les premières lignes écrites de ma mine d'or sont celles du début de ce livre. Grâce à cette union , Sébastien, dès la troisième page, se liait avec ses débuts, sa naissance, le déroulement la suite vous l'avez normalement déjà lu, si vous êtes encore là.
Quel que soit le semblable de Sébastien, la règle est commune, un jour peut-être, tu auras ce besoin, cette envie, d'écrire, de peindre, de sculpter ton histoire. Sers-toi d'une chose, d'un objet, d'un caillou, donne-lui, offre lui une âme et raconte

ton histoire. Tu verras ton reflet remonter à la surface et la ligne de ta vérité, de ta réalité apparaîtra. Tu ne seras plus seul, mais lié et tu ne feras qu'un.

Arrivée ici, pour appuyer sur le mauvais bouton, d'un clic, cette histoire tapée sur l'ordinateur de Sébastien fut effacée en totalité, heureusement ma mine d'or avait laissé son indélébilité sur des pages blanches. Sébastien à pris une grande inspiration, notre conscience commune nous le répétait sans cesse.

« Vas au bout, ne lâche rien, soit vaillant, bas toi, soit heureux, soit distant, et lies toi aux éléments. »

Même si au fil du temps, le visage se ride, le reste se réduit, il est toujours temps de se sentir vivre, Sébastien chargé d'émotions a soudainement besoin de l'écrire, c'est un acte présent perdu dans ce récit qui est en cours d'écriture. Une parenthèse, il est agréable de la faire aussi.

je ne dois pas être partout pour finir nul part, il est important d'arriver a faire cette boucle avec ma mine d'or. Creuser l'entaille de chacun de tes communs, au fond de toutes ces mines, j'ai la Certitude que toutes contiennent de l'or.

C'est une utopie, tant pis mes compagnons, votre encre a su construire cet univers avec cette manière de Communication, d'interprétation, jusqu'à là, on le doit à mes ancêtres les plumes, l'écriture a fait l' humanité de demain, alors mes frères si on doit être des stylos dans des pots sans aucun intérêt, offrez votre dernier souffle

votre dernier jet d'encre à l'humain.
Si il préfère le clavier qu'il sache que le monde de demain est quand même entre ses mains. L'abréviation, le sms, l'émail sont de plus en plus courts , de plus en plus rapides, et aussi percutants si ils doivent l'être... Le mot écrit, tapé ou gravé *a u*ne histoire que le mot dit n'a pas. Ma mine d'or déverse cette encre présente et Sébastien s'imagine écrire et écrire encore, d'un trait, il serait prêt à vider mes réserves pour ne pas se défaire de ce pèlerinage, de sa liberté, j'adore être entre ses mains et je serais curieux d'être entre les tiennes pour découvrir ta mine et pour savoir où nous serions capables de voyager.
Lecteur, j'insiste, je suis un stylo et j'ai une âme, la tienne, ne cherche pas à

l'interpréter, quand elle est en moi, je te possède et tu n'auras pas d'autre choix que d'écrire et de lire une part de toi. Je deviens un guide, je te laisse regarder ton histoire et je ne peux pas te dire ce qu'il y a à voir. Je peux t'offrir mon encre, comme le reflet d'un miroir, mais ce que tu verras n'est pas une apparence. Pour vivre cette aventure n'aies pas de retenues à ouvrir une parenthèse dans ton quotidien et si tu arrives à la refermer, tu seras peut-être pris par cette fougue de vouloir en ouvrir d'autres.

 Tu te sentiras vivre entre chaque parenthèse

Ce monde à part offre chez les tiens des œuvres et si l'un de tes prochains a besoin d'elles, tu auras atteint l'accomplissement. libre tu passeras le reste de ta vie à ouvrir ces discours.

Un jour pour toi aussi la lumière va s'éteindre et n'oublies pas avant de refermer tous les épisodes.

Grâce à Ma Mine D'Or mes excursions ne durent pas plus de quelques secondes pour s'éterniser dans l'éternelle.

Mine D'or
Fin d'écriture MAI 2014

Livres du même auteur :

Brin de recueil,
L éveil d'écrire,
L'essence de la solitude,
Le temps d'aimer

Éditeur : Books on Demand GmbH, 12/14 rond point des Champs Élysées, 75008 Paris France

Impression : Books on Demand GmbH, Norderstedt, Allemagne

ISBN : 978-2-322-03677-6

Dépôt légal : MAI / 2014

Remerciements :
Muriel
Louisette
Mélissa

Avec mes sincères
Amitiés
Sébastien